Hi! Schön, dich zu sehen.
Viel Spaß mit unserem Buch über Robert Lewandowski!
Ich bin **Info-Bot.** Ich kenne alle Zahlen und Rekorde!
SIMON
DAN

In der Reihe „Megastars“ bisher erschienen:

Alles über Mbappé
Alles über Haaland
Alles über Ronaldo
Alles über Lewandowski
Alles über Messi
Alles über Kane
Alles über Yamal
Alles über Fußball
Alles über Verstappen

MIX
Papier | Fördert gute Waldnutzung
FSC® C111262

Postfach 2460, 88194 Ravensburg

Text: © 2022 Simon Mugford
Illustrationen: © 2022 Dan Green
Übersetzung: Ulrich Thiele
Fachlektorat: Stefanie Hahn
Stand der Fachinformationen: Januar 2026
Titel der Originalausgabe:
Football Superstars. Lewandowski Rules

ISBN 978-3-473-46350-3

ravensburger.com/service

FUßBALL-STARS

ALLES ÜBER

LEWANDOWSKI

VOM Fußball-Talent ZUM MEGASTAR

SIMON MUGFORD DAN GREEN

AUS DEM ENGLISCHEN VON ULRICH THIELE

INHALT

1. KAPITEL

LEWAN-GOAL-SKI

Dürfen wir vorstellen? Das ist …

ROBERT LEWANDOWSKI!

Dieser Fußballer aus Polen stellt die tollsten **Rekorde** auf! Er hat mehr als **700 Tore** geschossen, war zehnmal **Deutscher Meister** *und* hat die **Champions League** gewonnen!

IN DIESEM BUCH GEHT
ES NUR UM **IHN**!

ABER WARUM IST
ROBERT LEWANDOWSKI
EIGENTLICH SO GUT?
KA-BOOM!

GRÖSSE

Robert ist größer als die meisten seiner Gegner – perfekt für Kopfbälle!

STELLUNGSSPIEL

Er ist immer zur richtigen Zeit am richtigen Ort.

KRAFT

Er hält den Ball – und den Gegner fern.

KONZENTRATION

Er ist immer absolut konzentriert auf das Spiel.

ÜBERBLICK

Er verpasst keine Gelegenheit zum Torschuss.

TORE, TORE, TORE!

Und das Wichtigste: Er hämmert einen Ball nach dem anderen **INS NETZ!**

LEWANDOWSKI IN ZAHLEN

LEWYS LEISTUNGEN – DER REINSTE WAHNSINN

344 **TORE** in …

375 **SPIELEN** für Bayern München

41 **Bundesliga-Treffer** in der Spielzeit **2020/21** (Rekord!)

10 Mal **Deutscher Meister**

4 Mal **DFB-POKAL-SIEGER**

2 Mal **GOLDENER SCHUH** der UEFA

1 Mal **Champions-League-Sieger**

Ungefähr

9 MILLIONEN

EURO Marktwert

Mehr als 38 MILLIONEN

Fans auf **Instagram**

LEWYS AUSWEIS

NAME: *Robert Lewandowski*

SPITZNAME: *Lewy/Lewa*

GEBURTSTAG: *21. August 1988*

GEBURTSORT: *Warschau, Polen*

GRÖSSE: *1,85 Meter*

POSITION: *Sturm*

VEREINE: *Delta Warschau, Legia Warschau II, Znicz Pruszków, Lech Posen, Borussia Dortmund, FC Bayern München, FC Barcelona*

NATIONALMANNSCHAFT: *Polen*

LINKS- ODER RECHTSFUSS: *Rechtsfuß*

2. KAPITEL

VON ANFANG AN SPORTLER

Robert Lewandowski kam 1988 in der polnischen Hauptstadt **Warschau** zur Welt.

Andere berühmte Menschen aus Warschau:

Marie Curie, geniale Wissenschaftlerin. Sie wurde als erster Mensch mit **ZWEI Nobelpreisen** ausgezeichnet.

Frédéric Chopin, Komponist und klasse Klavierspieler.

Iga Świątek, Tennis-Ass und dreifache Gewinnerin der French Open.

Robert und seine Familie lebten in **Leszno,** einem Ort nahe Warschau.

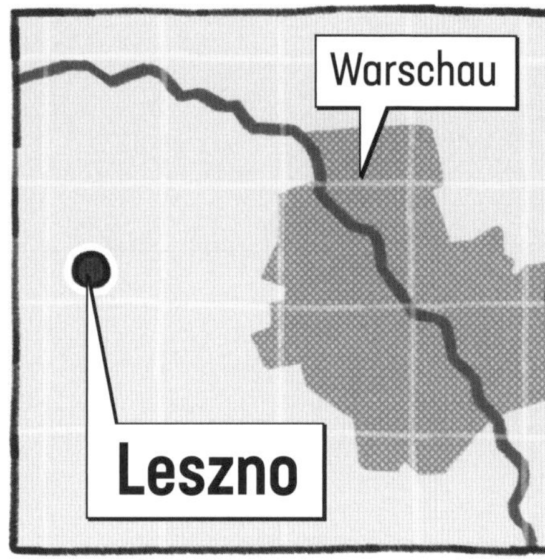

Sein Papa hieß **Krzysztof**

(und war Sportlehrer).

Seine Mama heißt

Iwona

(und war Sportlehrerin).

Seine große

Schwester heißt

Milena

(und ist KEINE Sportlehrerin).

Seine Eltern gaben ihm extra keinen polnischen Namen. Warum? Weil **„Robert“** für Menschen in aller Welt leichter auszusprechen sei, falls er mal berühmt werde.

Roberts Familie war total

SÜCHTIG NACH SPORT!

Sein Papa war

polnischer **Judo-**

Meister.

Er spielte außerdem mal Fußball in der 2. Liga für **Hutnik Warschau.**

Seine Mama war **Volleyball-Profi.**

Bald war auch Robert **süchtig nach Sport.**

Er spielte **Volleyball** – wie seine Mama.

Er machte **Judo** – wie sein Papa.

Er **flog** nur so über

die **Laufbahn** ...

... **dunkte** jeden

Basketball ...

... und hatte ein

Händchen für

Handball.

Robert fing schon mit **fünf** Jahren

mit dem **Fußball** an.

Er hatte es nicht leicht als **KLEINSTER** Junge

auf dem Platz.

Doch

FUSSBALL

machte ihm einfach am meisten Spaß.

UND ER SPIELTE EXTREM GUT!

Im Jahr **2016** wurde Robert zum

EHRENBÜRGER

seines Heimatorts **Leszno** ernannt.

3. KAPITEL

NUR NOCH FUSSBALL IM KOPF

Robert war **acht,** als sein Papa sich nach einem richtigen Verein für ihn umsah. Keiner der großen Vereine in der Gegend wollte Robert haben.

ER SIEHT SCHWACH AUS.
NEE, ER IST ZU JUNG.

Endlich wurde Robert vom Warschauer Jugendverein **UKS Varsovia** zu einem Training eingeladen.

Der Trainer sah ihn spielen und sagte:

Varsovia war ein kleiner Verein

mit einem einzigen Fußballplatz:

einer **holprigen Wiese.**

Doch Varsovia war

Roberts Verein. Und

er wollte allen zeigen,

was er **konnte.**

Robert war der **jüngste** und **kleinste** Spieler der Mannschaft.

Doch auf dem Platz staunten die anderen über seinen **WILLEN.**

Er kam **STÄNDIG** an den Ball. Es war fast so,

als würde der Ball von selbst zu ihm kommen!

Die anderen Jungs nannten

ihn **„BOBEK“**.

Sonntags ging Robert mit seiner Familie in die Kirche. Der Pfarrer ließ Robert und seinen Papa früher gehen. So kamen sie **pünktlich zum Training.**

Sie verbrachten viel Zeit im Auto.

Robert spielte **sieben** Jahre lang für Varsovia.

In Roberts Kindheit gab es keine

polnischen Superstars im Fußball.

Roberts Helden waren Stürmer aus Italien ...

... wie **Roberto Baggio** (Gewinner des Ballon d'Or 1993) und **Alessandro Del Piero** (390 Tore in der Serie A) ...

... und ein super Spieler von **Frankreich**,

Barcelona und **Arsenal: Thierry Henry.**

„ER MUSSTE GEGEN STÄRKERE, ZWEI JAHRE ÄLTERE JUNGS SPIELEN. ICH GLAUBE, DADURCH WURDE ER SELBST STÄRKER.“

Marek Siwecki, Roberts Trainer bei Varsovia

4. KAPITEL

SCHWIERIGE ZEITEN

Im Jahr 2005 veränderte sich Roberts **ganzes Leben.** Er war erst 16, als sein Vater plötzlich krank wurde und starb.

Es war eine schwierige Zeit für Robert.

Doch der **Fußball** gab ihm Hoffnung.

Sein Vater war immer für ihn da gewesen.

Robert war fest entschlossen, Erfolg zu haben -

auch für seinen Papa.

Am Anfang fuhr Robert immer allein zum Training bei **Varsovia.** Dann zog er zu seiner Schwester nach **Warschau.**

Robert wollte als Fußballer vorankommen. Deshalb wechselte er zu **Delta Warschau,** einem Verein aus der **4. Liga.**

Doch bald wollte ihn ein *anderer* Verein für seine zweite Mannschaft: **Legia Warschau,** der erfolgreichste Verein Polens!

Legia hat 15 Mal
die **Ekstraklasa** gewonnen, die
erste polnische Liga. Rekord!

Doch bei Legia hatte Robert direkt wieder Pech.

Er verletzte sich am Knie und musste **drei Monate** aussetzen.

Robert konnte bei Legia nie zeigen, was in ihm steckte. Nach einem Jahr wurde er wieder entlassen.

Dem jungen Stürmer ging es **mies.**

Roberts Mama suchte eifrig nach einem neuen Verein. Und **Znicz Pruszków** erkannte Roberts Stärken. Znicz wollte ihn **unbedingt.**

Und bei Znicz war Robert genau richtig ...

5. KAPITEL

WEISS UND ROT

(EINE KURZE GESCHICHTE DES POLNISCHEN FUSSBALLS)

Sein erstes Länderspiel hatte Polen **1921** ... und verlor 1:0 gegen **Ungarn.**

1938 schaffte es Polen zur **Weltmeisterschaft.** Dort verlor es aber gegen Brasilien mit **6:5** nach Verlängerung. Polen schied damit in der Vorrunde aus.

Im **Zweiten Weltkrieg** wurde Polen von Deutschland besetzt. Fußball wurde vollständig verboten.

Nach dem Krieg spielten die Polen wieder Fußball. In den 1970er-Jahren begann sogar das **Goldene Zeitalter** der polnischen Nationalmannschaft.

Sie gewann **GOLD** bei **Olympia 1972** und schaffte es zur **WM 1974** - durch ein berühmtes **1:1** gegen **England.**

BEI DER WM 1974 SCHLUG POLEN …

ARGENTINIEN 3:2

HAITI 7:0

ITALIEN 2:1

SCHWEDEN 1:0

JUGOSLAWIEN 2:1

… und verlor 1 : 0 gegen **DEUTSCHLAND.**

Den späteren Weltmeister!

Doch am Ende gewann Polen 1 : 0 gegen

Brasilien und holte sich so den **3. PLATZ.**

1982 wurde Polen noch mal Dritter.

POLENS BESTE

JAN TOMASZEWSKI

POSITION: ***TORHÜTER***

IM TEAM VON: ***1971 BIS 1981***

Er sicherte durch seine Paraden das 1:1 gegen England im Jahr 1974.

KAZIMIERZ DEYNA

POSITION: ***DEFENSIVES MITTELFELD***

IM TEAM VON: ***1968 BIS 1978***

Ein toller Mittelfeldspieler. Er rettete 1978/1979 Manchester City vor dem Abstieg. Dafür lieben ihn die Fans bis heute.

GRZEGORZ LATO

POSITION: ***FLÜGELSTÜRMER***

IM TEAM VON: ***1971 BIS 1984***

Er gewann als einziger Pole den Goldenen Schuh bei einer WM (sieben Tore bei der WM 1974).

ZBIGNIEW BONIEK

POSITION: ***MITTELFELD/STURM***

IM TEAM VON: ***1976 BIS 1988***

Er war ein Star von Juventus Turin und AS Rom und einer der besten Spielmacher.

ROB IST TOP

ROBERT LEWANDOWSKI
2008 bis heute

WŁODZIMIERZ LUBAŃSKI
1963–1980

GRZEGORZ LATO
1971–1984

LEWY HAT DIE MEISTEN SPIELE FÜR POLEN GESPIELT UND DIE MEISTEN TORE GESCHOSSEN. **DOCH WER IST NOCH VORN MIT DABEI?**

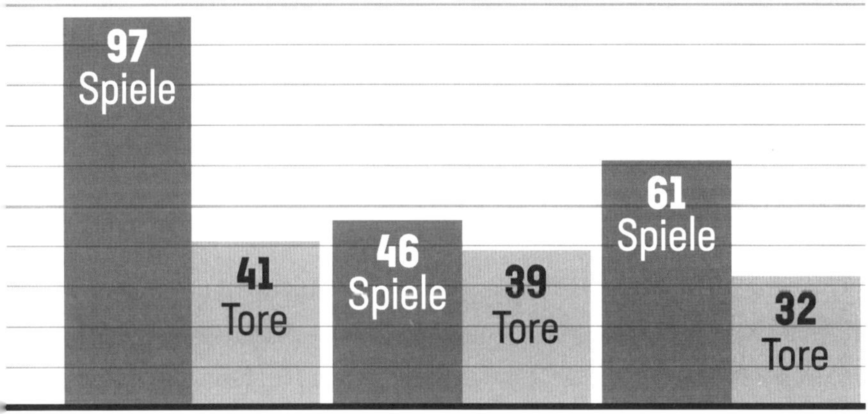

KAZIMIERZ DEYNA
1968–1978

ERNEST POL
1955–1965

ANDRZEJ SZARMACH
1973–1982

ROBERT FÜR POLEN

Robert ist **seit 2014 Kapitän** der polnischen Nationalmannschaft.

Sein erstes Tor schoss er **2008** gegen **San Marino.**

Er schoss **sechsmal drei Tore in einem Spiel** für Polen. Drei Tore in einem Spiel nennt man **Hattrick.**

Robert hält zusammen mit Erling Haaland den **europäischen Rekord** für die meisten Tore in einer **WM-Qualifikation: Krasse 16 Tore!**

6. KAPITEL

ROBERT KÄMPFT SICH ZURÜCK

Die **ersten beiden Monate** von Robert bei **Znicz Pruszków** sahen so aus: **Training, Fitness** und Spiele mit der **zweiten Mannschaft.**

Dann legte Robert endlich in der **ersten Mannschaft** los. Er schoss gleich **15 Saisontore.** So viele gelangen keinem anderen Spieler in der Liga.

In der **1. Liga** traf Robert gleich in den ersten **vier** Spielen und machte danach noch **17 Tore.** Gegen GKS Jastrzębie schaffte er sogar **einen Hattrick.**

Robert war erst **19** und sehr erfolgreich.

Doch er blieb immer auf dem Boden.

Er **hängte** sich rein und **hörte** auf

seine Trainer. Er arbeitete still und leise

daran, **DER BESTE** zu werden.

WHOMP!

Alle **großen Vereine** Polens hatten von Robert gehört. **Talentscouts** aus dem ganzen Land kamen, um ihn spielen zu sehen.

Doch nicht alle glaubten an den großen, dünnen Stürmer.

Robert wusste aber: Er war bereit für den

nächsten Schritt.

Und er wusste, wie **stolz** sein Papa auf ihn gewesen wäre.

7. KAPITEL

AUF-STIEG

Im Sommer **2008** konnte Robert sich seinen neuen Verein aussuchen. Fast alle Vereine der **Ekstraklasa** wollten ihn!

Er bekam Angebote von **Cracovia** und von **Legia Warschau,** seinem Ex-Verein. Doch er sagte:

Am Ende entschied er sich für **Lech Posen** und wechselte für rund **350.000 Euro.**

Die Stadt **Posen** liegt 300 Kilometer westlich von Warschau.

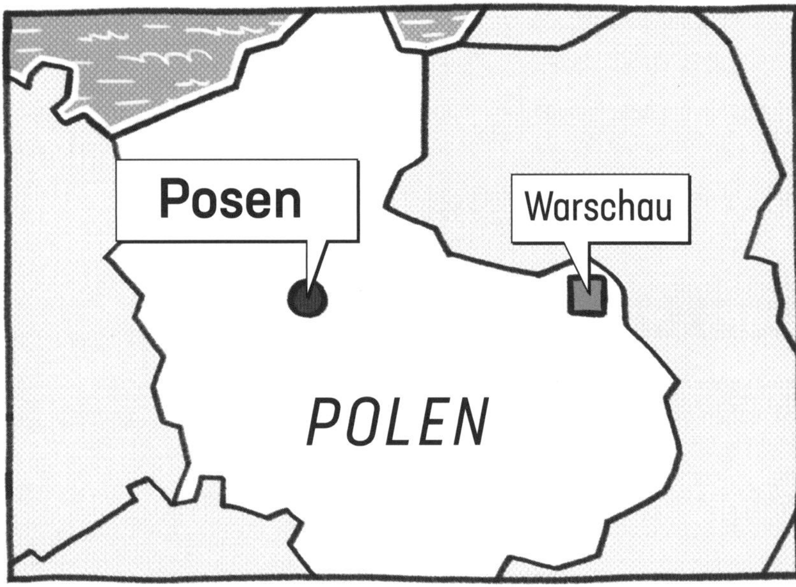

Lech Posen gehört zu den **größten Vereinen Polens** und ist **achtfacher Meister.**

Der Spitzname des Teams:

Die Eisenbahner.

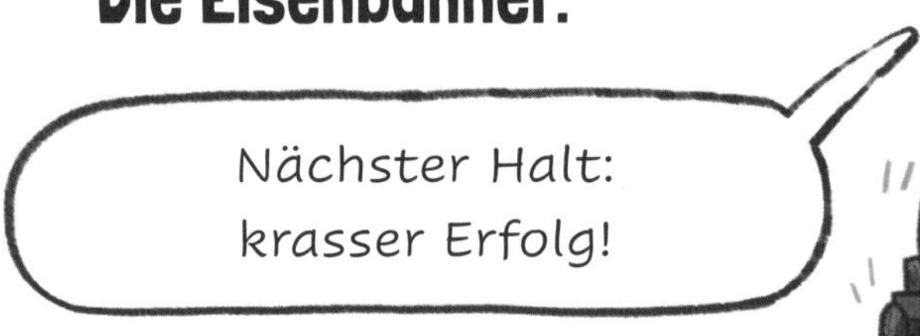

Die Fans von Posen haben eine besondere Art zu **feiern:** Sie stellen sich mit dem Rücken zum Platz hin und hüpfen Arm in Arm auf und ab!

LEWA BEI LECH

SPIELZEIT	SPIELE	TORE	VORLAGEN
2008/09	**48**	**20**	**12**
2009/10	**34**	**21**	**8**

Bei Posen sicherte Robert sich einen ganzen **Haufen Pokale** und Ehrungen ...

POLNISCHER FUSSBALLPOKAL
2008/09

POLNISCHER FUSSBALL-SUPERCUP
2009

POLNISCHER MEISTER
2009/10

BESTER JUNGER SPIELER POLENS
2008

BESTER TORSCHÜTZE DER EKSTRAKLASA
2009/10
(18 TREFFER)

BESTER SPIELER DER EKSTRAKLASA
2009

Robert wirbelte mit seinen Toren die polnische Liga auf. Im Jahr 2010 waren deshalb **Vereine aus ganz Europa** hinter ihm her.

Einer davon waren die **Blackburn Rovers** aus England. Robert wollte schon zu ihnen fliegen, da brach auf Island ein **Vulkan** aus. Er blies Unmengen Staub in die Luft.

BOOM!
Kein Flugzeug konnte mehr abheben. Und Robert blieb zu Hause.
TUT MIR LEID, COACH, ABER DER VULKAN ...

„ICH HÄTTE ZU SO VIELEN VEREINEN WECHSELN KÖNNEN. DOCH ICH ERINNERTE MICH AN DIE WORTE MEINER ELTERN: ‚HÖR AUF DEIN BAUCHGEFÜHL.'"

Robert Lewandowski

8. KAPITEL

ABENTEUER BUNDESLIGA

Borussia Dortmund baute 2010 gerade eine neue Mannschaft auf. An ihrer Spitze stand ein junger Trainer namens **Jürgen Klopp.**

Robert unterschrieb für **vier Jahre** bei Dortmund.

Es war sein größter Wechsel – bis hierhin.

Er kostete ungefähr

Robert sprach kein **Deutsch.**

Aber für Dortmund spielten auch

zwei andere Polen:

Sie empfingen Robert herzlich

in der Mannschaft.

Klopp nannte Piszczek und Błaszczykowski

Lolek und Bolek. So heißen zwei polnische

Comicfiguren.

Robert hängte sich **immer** voll rein.

Klopp spornte ihn trotzdem noch extra an.

Robert musste zu Beginn häufig zahlen …

… aber nicht lange.

ROBERT BEI DER BORUSSIA 2010/2011

In seinem ersten Jahr wurde Robert meist eingewechselt. Er spielte nur **15 Mal** von Anfang an.

Er schoss sein erstes Tor in der Bundesliga gegen **Schalke 04.**

Robert schaffte in der Spielzeit insgesamt **ACHT** Treffer. Mit seiner Hilfe wurde Dortmund Meister – zum ersten Mal seit **NEUN** Jahren.

9. KAPITEL

ROBERT REGIERT

2011/12: DIE HÖHEPUNKTE

DIE HEFTIGSTEN SPIELE IN ROBERTS ZWEITEM BVB-JAHR

1. OKTOBER 2011

BUNDESLIGA

BORUSSIA DORTMUND 4
FC AUGSBURG 0

Robert machte **DREI TORE,** sein erster **Hattrick** in der Bundesliga. Er gab außerdem die Vorlage für einen Treffer von **Mario Götze. 4 : 0!**

11. APRIL 2012

BUNDESLIGA

BORUSSIA DORTMUND 1
BAYERN MÜNCHEN 0

Robert schoss das einzige Tor im Spiel gegen den größten Rivalen – ein wichtiger Schritt im Rennen um den Titel!

12. MAI 2012

DFB-POKAL-FINALE

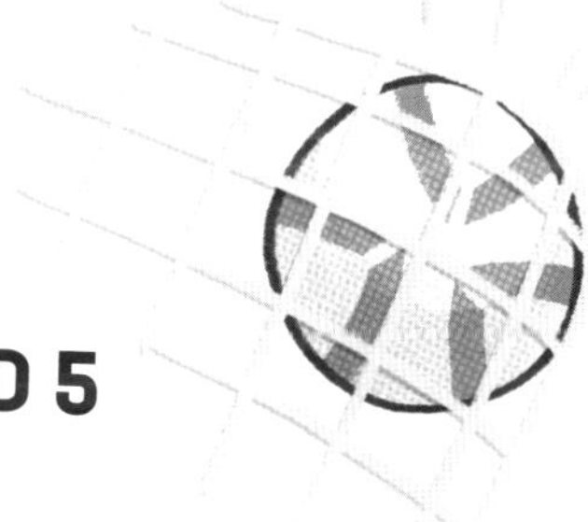

BORUSSIA DORTMUND 5
BAYERN MÜNCHEN 2

Dortmund war schon Deutscher Meister ... und gewann dank **drei Treffern** von Robert auch noch den DFB-Pokal.

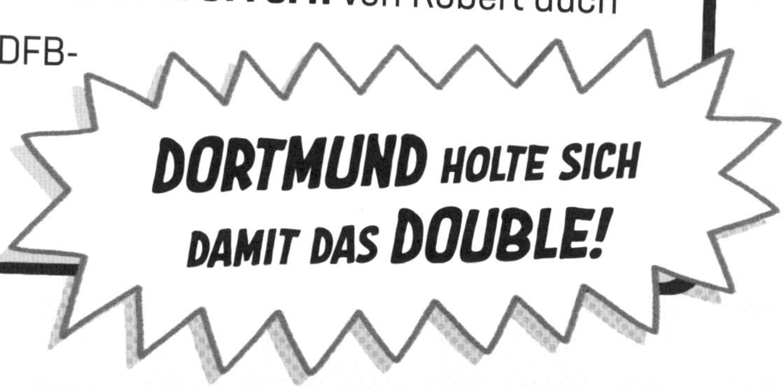

Andere Spieler der genialen Double-Mannschaft:

MARIO GÖTZE

Offensiver Mittelfeldspieler und Stürmer. Er spielte später für Bayern und machte das Tor zum deutschen **WM-Sieg 2014.**

MATS HUMMELS

Er wurde bei Bayern ausgebildet. Dann wechselte er zu Dortmund, dann wieder zu Bayern und dann *wieder* zu Dortmund! WM-Sieger und klasse Innenverteidiger.

IVAN PERIŠIĆ

Außenstürmer von Tottenham Hotspur. Er gehört zur goldenen Generation Kroatiens. 2019/20 wurde er von Bayern ausgeliehen und spielte dadurch mit Robert zusammen.

İLKAY GÜNDOĞAN

Torgefährlicher Mittelfeld-spieler. Trainer Pep Guardiola holte ihn sofort zu Manchester City.

Robert achtet **EXTREM** auf seine Ernährung und Fitness. Dafür ist er fast schon berühmt! Er aß und trainierte bei Dortmund nach exakten Regeln.

So verwandelte sich der große, dünne

Robert in eine

24. APRIL 2013

HALBFINAL-HINSPIEL DER CHAMPIONS LEAGUE

BORUSSIA DORTMUND 4

REAL MADRID 1

Robert hatte schon **sechs Tore** in der **Champions League** geschossen. Dann traf er im Halbfinale auf **Real Madrid** mit Cristiano Ronaldo.

Robert versenkte den Ball nach nur acht Minuten im Tor. Ronaldo glich aus. Doch Robert traf ein **zweites** und **drittes** Mal – und dann gab es **Elfmeter** für Dortmund.

Natürlich trat Robert an. Und **BÄMM!**

ROB BEI DER BORUSSIA

SPIELZEIT	SPIELE	TORE	VORLAGEN
2010/11	43	9	4
2011/12	47	30	12
2012/13	49	36	13
2013/14	48	28	13

In seinem letzten Jahr bei Dortmund schoss Robert die meisten Tore in der Bundesliga: **20 Stück!**

10. KAPITEL

MÜNCHENS NEUER MANN

2014 wechselte Robert zum ...

Die Mannschaft hatte gerade das Double aus Meisterschaft und Pokal geholt. Ihr Trainer hieß **Pep Guardiola.**

Bayern ist der **ERFOLGREICHSTE** Verein Deutschlands mit

34 MEISTERSCHAFTEN,

20 DFB-POKAL-SIEGEN

UND

SECHS

CHAMPIONS-LEAGUE-TITELN.

Bei Bayern spielte Robert mit …

In der Spielzeit **2014/15** schoss

Robert die zweitmeisten Tore der Bundesliga:

17 Treffer.

FÜNF GEGEN DIE WÖLFE

Der **22. September 2015** wurde zur **Sensation.** Bayern spielte zu Hause gegen die „Wölfe" aus Wolfsburg und lag 0:1 zurück. Die Wölfe hatten seit 14 Spielen nicht verloren.

Dann wurde Robert eingewechselt. Er schoss in nur neun Minuten **ein, zwei, drei, vier, fünf Tore.**

ES WAR NICHT ZU FASSEN!

Damit gelangen Robert …

der **schnellste** Hattrick der **Bundesliga** (drei Tore in vier Minuten),

die **meisten Tore in einem Bundesligaspiel** durch einen Spieler von der Bank

und die **fünf schnellsten Tore** in **IRGENDEINER** europäischen Topliga.

„DAS WAR WAHNSINN. EIN UNGLAUBLICHER ABEND FÜR MICH.“

Robert Lewandowski

„SO ETWAS HABE ICH WEDER ALS SPIELER NOCH ALS TRAINER ERLEBT. ICH KANN DAS NICHT ERKLÄREN.“

Pep Guardiola

11. KAPITEL

TOR-MASCHINE

Nach dem **WAHNSINN** gegen Wolfsburg traf Robert **immer weiter.** So brach er einen Rekord nach dem anderen.

Er schoss **ZEHN TORE** in **DREI SPIELEN** in **EINER WOCHE,** darunter war sein 100. Treffer in der Bundesliga.

In der **Spielzeit 2015/16** machte er
30 TORE. So viele hatten bisher nur
deutsche Spieler geschafft.
LEWANDOWSKI
9
Roberts zweite **Torjägerkanone!**

TORE ÜBER TORE

AUCH IN DEN FOLGENDEN JAHREN WAR ROBERT IN TOPFORM

2016/17

42 Tore in allen Wettbewerben

Das **100. Tor** für Bayern

Bester Torschütze im **DFB-Pokal** (5 Treffer)

Zum **5. Mal Deutscher Meister**

2017/18

41 Tore in allen Wettbewerben

Bester Torschütze der **Bundesliga** (29 Treffer)

Bester Torschütze im **DFB-Pokal** (6 Treffer)

Zum **6. Mal Deutscher Meister**

2018/19

40 Tore in allen Wettbewerben

Bester Torschütze der **Bundesliga** (22 Treffer)

Bester Torschütze im **DFB-Pokal** (7 Treffer)

DFB-Pokal-Sieger

Zum **7. Mal Deutscher Meister**

Im November 2018 machte Robert sein **50. Tor** in der Champions League.

Nur drei andere Spieler schafften schneller **50 Tore in der Champions League:** Erling Haaland, Ruud van Nistelrooy und Lionel Messi.

Am Ende der Spielzeit schoss Robert sein **200. Tor in der Bundesliga.** Stark!

2019/20: TRIPLE-ZEIT

Robert traf **15 Mal** in der **Champions League,** öfter als alle anderen Spieler.

Er schoss **VIER** Tore in einem einzigen Spiel (gegen Roter Stern Belgrad)!

Aber nur **EINES** beim 8:2-Monstersieg gegen Barcelona!

Im engen Finale gegen **Paris Saint-Germain** erzielte Robert keinen Treffer. Und doch wurde er zum ersten Mal **Champions-League-Sieger.**

Bayern holte auch die Meisterschaft und den DFB-Pokal – das Triple war perfekt!
Robert schoss in allen drei Wettbewerben die meisten Tore!
Er wurde ausgezeichnet als FIFA-Weltfußballer des Jahres und UEFA-Spieler des Jahres 2020.

TORJÄGER-TITANEN

Der **„Bomber" Gerd Müller** ist eine Legende des FC Bayern München. Er machte von 1964 bis 1979 sagenhafte **365 Tore** in der Bundesliga. Das ist der Rekord im Verein und in der Liga.

Gerd Müller schoss einmal in einer einzigen Spielzeit unglaubliche **40 Tore.** Doch 49 Jahre später brach Robert diesen Rekord: Er machte in der letzten Minute des letzten Spiels **2020/21** sein **41. Tor. WOW!**

Robert hatte mit **35 TREFFERN** auch **2021/22** die meisten Tore in der Bundesliga. Zum **FÜNFTEN** Mal in Folge und insgesamt zum siebten Mal - genauso oft wie Gerd Müller.

Robert bekam **2021** und **2022** den **Goldenen Schuh** für den besten Torschützen einer Topliga in Europa. Und seine Rivalen so?

2020/21

1

ROBERT LEWANDOWSKI
FC BAYERN MÜNCHEN
BUNDESLIGA
41 TORE

2

LIONEL MESSI
FC BARCELONA
LA LIGA (SPANIEN)
30 TORE

3

CRISTIANO RONALDO
JUVENTUS TURIN
SERIE A (ITALIEN)
29 TORE

2021/22

1

ROBERT LEWANDOWSKI

FC BAYERN MÜNCHEN

BUNDESLIGA

35 TORE

2

KYLIAN MBAPPÉ

PARIS SAINT-GERMAIN

LIGUE 1 (FRANKREICH)

28 TORE

3

KARIM BENZEMA

REAL MADRID

LA LIGA (SPANIEN)

27 TORE

ROBERT BEI BAYERN

SPIELZEIT	SPIELE	TORE	VORLAGEN
2014/15	49	25	13
2015/16	51	42	6
2016/17	47	43	9
2017/18	48	41	5
2018/19	47	40	13
2019/20	47	55	10
2020/21	40	48	9
2021/22	46	50	7

12. KAPITEL

ROBERT ROCKT

DIE NUMMER 1

Wer wird Sieger im Kampf um den Titel

BESTER STÜRMER DER WELT?

ROBERT LEWANDOWSKI

FC BARCELONA

1005 SPIELE

707 TORE

0,70 TORE PRO SPIEL

ERLING HAALAND

MANCHESTER CITY

407 SPIELE

341 TORE

0,84 TORE PRO SPIEL

KYLIAN MBAPPÉ

REAL MADRID

560 SPIELE

418 TORE

0,75 TORE PRO SPIEL

HARRY KANE

FC BAYERN MÜNCHEN

746 SPIELE

498 TORE

0,67 TORE PRO SPIEL

SERVUS, BAYERN, HOLA, BARÇA

Robert wechselte im Sommer 2022 nach Spanien. Nach **344** Toren in **375** Spielen für Bayern ging er zum berühmten

FC BARCELONA.

Barcelona zahlte ***45 MILLIONEN EURO*** Ablöse.

Bei Barça machte Robert so weiter wie bei Bayern:

Er traf und traf.

Robert wurde schon in seinem ersten Jahr bei Barcelona **SPANISCHER MEISTER.** Und wer schoss auf Anhieb **die meisten Tore** in La Liga? Na klar: Robert!

Robert ist immer in Form und enorm gefährlich vor dem Tor. Er ist einfach

LEWA-TASTISCH!

TITEL UND EHRUNGEN

ROBERTS GRÖSSTE ERFOLGE

BUNDESLIGA
2010/11
2011/12
2014/15
2015/16
2016/17
2017/18
2018/19
2019/20
2020/21
2021/22

CHAMPIONS LEAGUE
2019/20

DFB-POKAL
2011/12
2015/16
2018/19
2019/20

DFL-SUPERCUP
2013
2016
2017
2018
2020
2021

MEISTE TORE BUNDESLIGA
2013/14
2015/16
2017/18
2018/19
2019/20
2020/21
2021/22

FIFA-KLUB-WM
2020

MEISTE TORE
DFB-POKAL
2011/12
2016/17
2017/18
2018/19
2019/20
SPANISCHER
MEISTER
2022/23
2024/25
UEFA-SPIELER
DES JAHRES
2019/20
FIFA-WELT-
FUSSBALLER
2020
2021
POLNISCHER
FUSSBALLER
DES JAHRES
2011
2012
2013
2014
2015
2016
2017
2019
2020
2021
BALLON D'OR:
STÜRMER
DES JAHRES
2021 und 2022

LEWA-QUIZ!

Was weißt du über ROBERT LEWANDOWSKI?
Mit diesem Quiz findest du es heraus – und kannst deine Freundinnen und Freunde abfragen!

1. In welcher Stadt wurde Robert geboren?

----

2. Welchen Sport machten seine Mama und seine Schwester?

----

3. Wie wurde Robert als Kind genannt?

----

4. Nenne eins von Roberts Fußballidolen aus seiner Kindheit.

----

5. In welchem Jahr wurde Robert Kapitän der polnischen Nationalmannschaft?

----

6. Gegen welchen Verein schoss Robert sein erstes Tor in der Bundesliga?

---

7. Gegen welche spanische Mannschaft schoss Robert 2013 ganze vier Tore?

---

8. Wie lange brauchte Robert für seine fünf Tore gegen Wolfsburg?

---

9. Wie hieß Roberts erster Trainer bei Bayern München?

---

10. Wie viele Tore schoss Robert in der Bundesliga-Spielzeit 2020/21?

Antworten

1. Warschau
2. Volleyball
3. Bobek – kleiner Robert
4. Thierry Henry, Roberto Baggio, Alessandro Del Piero
5. 2014
6. Schalke 04
7. Real Madrid
8. Neun Minuten
9. Pep Guardiola
10. 41 Tore

LEWANDOWSKI-LEXIKON:

WICHTIGE WÖRTER

La Liga
Spaniens erste Fußballliga.

Ekstraklasa
Polens erste Fußballliga.

Champions League
Wichtiger Wettbewerb im europäischen Fußball mit den besten Vereinen aus vielen Ländern. Der Sieger gilt als beste Mannschaft Europas.

DFB-Pokal
Turnier, bei dem alle deutschen Vereine aus den verschiedenen Ligen mitspielen können.

Torjägerkanone
Ehrung für den besten Torschützen der Bundesliga.

Qualifikation zur EM/WM
Turnier mit allen Mannschaften Europas oder der Welt. Die besten dürfen bei der EM oder WM mitspielen.